Jesús Quintanilla Osorio

REFLEXIONANDO EN LA GRACIA DE DIOS

Jesús Quintanilla Osorio

REFLEXIONANDO EN LA GRACIA DE DIOS

Escudriñando las Escrituras

CREDO EDICIONES

Cover image: www.ingimage.com

Publisher:
CREDO EDICIONES
is a trademark of
Dodo Books Indian Ocean Ltd. and OmniScriptum S.R.L publishing group

120 High Road, East Finchley, London, N2 9ED, United Kingdom
Str. Armeneasca 28/1, office 1, Chisinau MD-2012, Republic of Moldova, Europe
Printed at: see last page
ISBN: 978-613-5-61644-6

REFLEXIONANDO EN LA GRACIA DE DIOS

JESUS QUINTANILLA OSORIO

Semillas de Esperanza

Jesús Quintanilla Osorio

Cuando despertó esa mañana había frío. Se arrebujó en sus sábanas.

Desde la ventana de su apartamento en un piso alto contempló la ciudad. El alegre piar de los pajarillos le recordaba los bosques que eran su sueño. Siempre había soñado con tener un campo donde sembrar verduras y hortalizas.

Viviendo en un edificio el espacio era limitado y la azotea no sería muy grande. Siendo empleado de una compañía de computadoras su sueldo era exiguo.

Apenas cubría la renta y comidas frugales las más de las veces con emparedados de jamón y queso.

¿Y si sembraba en la azotea?

Decidió subir para ver el espacio.

Una parte la ocupaban 3 grandes depósitos de agua. Otro una pequeña caseta para controles eléctricos.

Descubrió un espacio de unos 20 metros cuadrados donde podría colocar almácigos y sembrar.

Entusiasmado se dirigió el mercado y en el puesto de flores se enteró del vivero de la calle 50 a sólo 3 cuadras de distancia las cuáles cubrió en un santiamén. Encontró el lugar atendido por un hombre ya mayor con una gran sonrisa que le iluminaba el rostro.

“¿Qué deseaba?”

“Tierra de composta y un poco de fertilizante”

El viejito le surtió el pedido y agregó un frasquito rosa.

“Es un obsequio”

“¿Y qué es?”

“Cuando se le termine venga y le diré”

Sin preguntar más se fue. El domingo muy temprano subió a la azotea, preparó sus almácigos y sembró todo lo que quiso: Cebollas, zanahorias, rábanos, cilantro, camotes y papas. Les agregó el misterioso polvito.

El Lunes tan enfrascado en su trabajo, apenas pudo pensar en sus siembras.

A las once de la noche, con un foco de mano, y muchas ganas, subió los tramos de escalera con mucha expectación.

Grande fue su sorpresa al advertir que sin haberlas regado mucho, ya habían asomos grandes de su sembrado. Las hojas de los rábanos, se destacaban y el cilantro era vigoroso. ¿Qué milagro se había operado? Lo ignoraba. Era algo extraordinario.

Durante toda la semana, observó el inusitado crecimiento de sus frutos, y continúo echándole ese polvillo.

¿Qué misterioso ingrediente lo componía?

Esa noche llovió muy intensamente y no pudo subir a la azotea.

En la mañana, era sábado y la lluvia se desleía rápidamente, subió con cuidado.

Su asombro fue mayúsculo.

Se había multiplicado las hojas y frutos, y abundaban invadiendo otros espacios.

Comenzó a cosechar.

Recogió una enorme siembra, y después de guardar para sí mismo lo suficiente, repartió entre sus vecinos, y hasta le sobró para vender a precios mínimos en el mercado.

Algunos asombrados le preguntaban de dónde obtenía tan maravillosos frutos.

Él sonreía. Una semilla de esperanza crecía en su interior.

Se volvió noticia y las televisoras quisieron saber cómo le hacía.

Él les explicó del vivero, el viejito y el misterioso polvo.

Un reportero -intrigado- le dijo:

"Señor, el dueño del vivero, se mudó hace años, y, desde entonces, ha estado cerrado".

Él, intrigado, corrió hasta el sitio, y en efecto, lo encontró cerrado.

Una sonrisa le iluminó.

¿Quién sería el viejito?

Todavía le quedaba un poquitito del polvito.

La última brizna.

Esa mañana subió y colocó la última pizca.

El frasco estaba vacío.

Decidió correr hasta donde el vivero, y el mismo viejito le sonrió al llegar.

“Ese polvito era tu fe.

No necesitabas mucha. Apenas una pizca”.

Le preguntó:

“Eres Dios, ¿verdad?”

Su enorme sonrisa fue la respuesta que él necesitaba.

Desde entonces, su vida fue muy luminosa y feliz.

LA CARTA A LOS HEBREOS, PIEDRA ROSETTA DE LA BIBLIA.

Jesús Quintanilla Osorio.

INTRODUCCIÓN.

La llamada piedra Rosetta permitió a los arqueólogos poder desentrañar los misterios de la cultura egipcia, y le dio pleno significado a lo que, hasta entonces, parecía ininteligible.

Así, la llamada Carta a los hebreos tiene claves para interpretar bien el Antiguo y el Nuevo Testamento, porque señala bien el oficio de Jesús como sacerdote, y no de la orden común, si no del orden de Melquisedec.

En este breve análisis, examinaremos la Carta a los Hebreos como una fuente de hermenéutica importante, para comprender claramente los significados de la labor del Mesías y las implicaciones del verdadero cristianismo.

I

Escrita como una homilía, con varias exhortaciones, fue atribuida por muchos exégetas a San Pablo, sin embargo, es más atribuible, a mi juicio, a Apolos, aquel poderoso varón versado en las escrituras citado en el libro de Hechos de los Apóstoles, pues por su composición, fechas y el ambiente que rodea el escrito, sería difícil atribuirlo al apóstol de los gentiles, pues es muy probable que Pablo fuera ejecutado antes del año 70, y la fechación, la ubicaría después de la quema de Roma.

Dentro de la temática comprendida en esta Carta a los hebreos, la superioridad sobre los ángeles, sobre Moisés, y el pleno sacerdocio de Cristo como ofrenda a Dios que satisface los criterios de la justicia divina, le dan un cariz distinto a esta obra del Espíritu Santo.

Carta a los Hebreos permite al lector, entender la imagen de la ley como un ayo para llevarnos a Cristo, y que los antiguos ritos, sólo eran una figura de lo que habría de ser la vida cristiana bajo la guía del Espíritu Santo, y en especial, de la labor de Jesús, como sacrificio dado una vez para siempre, y a la vez, en su función sacerdotal, que se presenta como un intercesor que nos abrió el santuario en el cielo, a través del velo, que es su carne misma.

Por ello, entender que en su función sacerdotal, no procedía de los sacerdotes de Aarón, si no de Melquisedec, con todo lo que esto implica, y que además, se significa mucho la parte plenamente humana de Jesús, y no esa idea gnóstica de una parte espiritual que descendió al Jesús humano en el bautismo en el río Jordán, si no como el Ser divino que preexistía antes con el Padre y tomó la forma humana, hecho semejante a los hombres.

Es de enfatizar, el valor que se le da a los que nos presiden en el Señor, para darle el realce que merecen quienes predican Su Palabra.

Y la invitación a salir fuera del campamento, de este mundo pleno de corrupción, para encontrarnos con el Jesús resucitado, para buscar nuestra ciudad permanente, como ciudadanos de los cielos y no de una patria humana.

EPÍLOGO.

Carta a los Hebreos es nuestra piedra Rosetta que nos abre la llave de la interpretación de las Escrituras y de su lectura y estudio concienzudo, entenderemos la hermosa labor de nuestro redentor que se entregó a sí mismo, y es compasivo y nos entiende, porque fue un hombre sacudido por nuestras debilidades, pero sin pecado.

El pecado

Jesús Quintanilla Osorio

"Porque por medio de la ley es el conocimiento del pecado " (Romanos 3:20).

De acuerdo a las Escrituras, el pecado es una infracción de la ley, es decir, lo que es incorrecto, Jesús, en la institución de la Santa Cena, dijo que su sangre sería derramada para mí remisión de los pecados, o sea, para el perdón de los pecados (Mateo 26:28), y al invocar el sagrado nombre de Jesús, serían lavados los pecados de quién lo hiciere, toda injusticia es pecado (1ª Juan 5:17), así que si practicamos injusticia, pecamos.

El pecado es culpa, iniquidad, maldad, ofensa, y la transgresión, y este mundo fue cubierto con sus efectos, pero, desde la eternidad, fue enviada la luz, "aquella luz verdadera que alumbra a todo hombre venía a este mundo", y él, Jesús, era el verbo de vida, la vida eterna, que estaba con el Padre, y se nos manifestó (1ª Juan 1:2).

Recordemos que el Hijo de Dios apareció para deshacer las obras del diablo. Estas obras son el pecado, por el cual fue echado del cielo a la tierra, (Apocalipsis 12:9) y aquí "engaña al mundo entero ".

En la cruz del calvario, Jesús, "anuló el acta de decretos que había contra nosotros ", quitándola de en medio y la clavó en la cruz (Colosenses 2:13-15), y despojó a las principales y potestades demoníacas y los exhibió, los puso en vergüenza, triunfando sobre ellos para siempre, ya que Cristo Jesús fue "ofrecido una sola vez para llevar los pecados de muchos".

El pecado, cuya paga es la muerte, fue destruido por medio de la muerte vicaria de Jesús", y acabó con el imperio de la separación eterna, provocada por el mismo Satanás.

Jesús venció al diablo, desde el principio cuando no cedió a la tentación en el desierto, y es fuente de seguridad por ello, es poderoso para socorrer a los que son tentados, y para aquellos que reconocen esa muerte vicaria, substituiría, y esa resurrección gloriosa de Jesús, algún día, irán a la Santa Ciudad de Jerusalén, donde brillará la luz eterna, "y no habrá más maldición" (Apocalipsis 22:3), porque Dios el Señor los iluminará y reinarán por siempre, junto a su Maestro y Señor, ya sin pecado ni dolor, ni muerte o aflicción, y vivirán felices, eternamente.

MEDITANDO EN LAS ESCRITURAS.

1. En la mano de Dios.
2. En tiempo de incertidumbre.
3. Amemos al necesitado.
4. El propósito de las pruebas.

5 Porque no debemos juzgar a los demás.

6 Ciudadanos del nuevo reino.

7 La integridad como un estilo de vida.

8 La adversidad desarrolla el carácter.

9. Valorar la vida.

10. Jesús es mi refugio.

11. El enfriamiento del amor.

12. Gigantes en nuestra vida.

13. El propósito de la vida.

14. Jesús es el resplandor de la gloria de Dios.

15. Pidamos a Dios ayuda para vencer el temor en nuestras vidas.

16. Felicidades, Jesús ha nacido.

17. Su gracia es suficiente.

18. Cuando caminas en el desierto.

19. Enfrentando las fuerzas del mal.

20. Verdad irrefutable.

Pascua.

En la mano de Dios.

13 Desde la eternidad y hasta la eternidad, yo soy Dios. No hay quien pueda arrebatar a nadie de mi mano; nadie puede deshacer lo que he hecho».

Isaías 43:13 [NTV]

Nadie puede arrebatarnos de la mano de Dios que nos protege, nos cobija y nos guarda de todo mal.

Aunque los lobos de la maldad y la incertidumbre nos sacudan y atemoricen, debemos confiar plenamente que, por muy difíciles que veamos las cosas, no estamos solos y nadie puede destruir nuestra salvación, si hemos puesto nuestra confianza en el Señor.

Estamos en la mano de Dios y Él es el Todopoderoso, nada hay que detenga su poder porque él tiene el control de todo.

A veces pensamos que estamos solos porque tenemos temor. Nuestra fe se ve apagada, y apenas brilla la esperanza. Pidamos su ayuda. Él nunca falla.

Oración: Señor dame confianza de que siempre estás conmigo. Padre en el nombre de tu Hijo Jesucristo. Amén.

.

En tiempos de incertidumbre.

2 Cuando pases por aguas profundas, yo estaré contigo. Cuando pases por ríos de dificultad, no te ahogarás. Cuando pases por el fuego de la opresión, no te quemarás; las llamas no te consumirán.

Isaías 43:2 [NTV]

¡Cuántas veces has sentido que los problemas te están ahogando! Parece que estuvieras caminando dentro de un río de dificultades y en cualquier momento, te llegará a cubrir hasta que no puedas respirar y te entre por la boca. Ahogado en tus preocupaciones, tus dudas, tu incertidumbre.

Y ahora, en un tiempo donde la inseguridad, la pandemia, la carestía económica y las dificultades en el trabajo parecen cercarnos y no vemos la salida, elevemos nuestras miradas al Altísimo, para pedir Su socorro. Él promete no dejarnos solos, aunque nuestro miedo nos haga temblar.

Así que, si estás pasando por esas aguas profundas y te sientes abatido, clama a Dios con todo tu corazón, y él te responderá. Hazlo. No te va a decepcionar.

Oración Señor, ayúdame en estos momentos de prueba e incertidumbre Padre en el nombre de tu Hijo Jesucristo. Amén.

Adviento

Amemos al necesitado.

No es para que partas tu pan con el hambriento, y recibas en casa a los pobres sin hogar; para que cuando veas al desnudo lo cubras, y no te escondas de tu semejante?

Isaías 58:7 (Pdt).

En mi experiencia personal, el desplazamiento de personas de un país a otro, tiene mucho que ver con la seguridad personal. Fui parte de un grupo de la iglesia presbiteriana que atendió a la comunidad de refugiados guatemaltecos que arribaron a Maya Balam, en el estado mexicano de Quintana Roo. Realicé el viaje con el misionero Eulogio Carballo y una veintena de jóvenes que compartimos nuestra fe con los hermanos de la iglesia del poblado. La noche que llegamos nos recibieron con un guiso de huevo y carne, grandes hogazas de pan y chocolate caliente. El frío era intenso en medio de la selva tropical. Sus rostros reflejaban el sufrimiento que ellos habían pasado para llegar a México.

Pero ellos mismos decían que era mejor para sus hijos crecer en un país donde no te persiguen los soldados como en su país. Habían sufrido los efectos de una guerra civil y no querían lo mismo para sus hijos. Al compartir con ellos la comida, mientras les hablábamos del amor de Dios, fue especial. Buscaban la seguridad de su familia y huían del peligro. Por eso salieron de Guatemala. Buscaban la seguridad de la esperanza, y veían en México, su puerto de paz. Seamos un puerto de abrigo para los necesitados.

¿Veo a los necesitados como si fueran mis hermanos?

Oración: Ayúdame Señor a ver mis hermanos necesitados con tus ojos. Padre en el nombre de tu Hijo Jesucristo. Amén.

Cuaresma.

EL PROPOSITO DE LAS PRUEBAS

Sabiendo que la prueba de vuestra fe produce paciencia. Santiago 1:3 VRVR1960

He aprendido que las pruebas son las formas en las que Dios nos conduce a nuevos horizontes. La tentación tiene el propósito específico de parte del Padre Celestial de mostrar las fallas en nuestro carácter. Cuando somos sometidos a duros tiempos de prueba y sentimos navegar sin rumbo, Dios quiere mostrarnos aquellas debilidades y áreas de nuestra vida que son más frágiles, y debemos estar atentos. Cuando atravesé por un largo valle de dificultades en el trabajo y con mi economía, pude evaluar que me faltaba un mayor control de mis emociones. Era muy fácil de explotar en una cólera enfermiza, y con gritos y ademanes pretendía resolver los problemas. Dios me mostró que eso era signo de desesperación y de falta de confianza en El. Cuando comprendí que esta falla en mi carácter no glorificaba a Dios y le pedí me ayudará a cambiar, Su amorosa mano me llevó a ser diferente y ahora, soy más paciente.

Las pruebas son las lecciones del gran Maestro.

Las pruebas son nubes cargadas de bendiciones, envueltas en papel de crisis.

ORACION: Señor, gracias por las pruebas que me enseñan. Padre en el nombre de tu Hijo Jesucristo. Amén.

Porque no debemos juzgar a los demás.

Romanos, Capítulo: 2

1. Así que, ¿crees que puedes condenar a esa gente? ¡Nada de eso! Tú no tienes por qué juzgarlos. Cuando los condenas, te condenas a ti mismo, porque tú también haces lo que ellos hacen.

(Ro. 2:1 Pdt).

Muchas veces, condenamos a los demás, y nos sentimos jueces de los otros. Criticamos todo, juzgamos como si nuestra moral fuera de la mejor. Vemos a los demás con ojos de juicio, cuando la misma Palabra de Dios nos insta a no hacerlo. Porque si hacemos lo que condenamos, estamos siendo hipócritas y no verdaderos.

Juzgar con justo juicio es examinar nuestra propia vida, para ver qué tan bien estamos. Ser correctos en nuestra propia apreciación, y no ser solamente criticones. Las críticas deben ser constructivas, y hacerlo con espíritu de amor y no de destrucción.

Examínate a ti mismo antes de hacerlo con los demás.

Oración Señor ayúdame a no juzgar a los demás. Padre en el nombre de tu Hijo Jesucristo. Amén.

.

Adviento.

CIUDADANOS DE UN NUEVO REINO

Y yo Juan vi la santa ciudad, la nueva Jerusalén, descender del cielo, de Dios, dispuesta como una esposa ataviada para su marido.

Apocalipsis 21:2

¿Utopía es acaso un sueño o una realidad en nuestras vidas futuras? El autor sagrado al ver la Santa Ciudad de la Jerusalén Celestial descendiendo ataviada como una esposa, nos deja boquiabiertos. Allí no hay noche, porque el Señor Dios la ilumine, no hay necesidad de luz, porque Dios es luz. No cuenta con cementerios, no hay hospitales, y se respira salud, bienestar, paz, amor, un lugar soñado para cualquiera. Pero, ¿quién puede ingresar a la Santa Ciudad? La lista de los no invitados es grande, pero los invitados son aquellos que han lavado sus vestidos con la sangre del cordero, es decir, han recibido el sacrificio de Jesús y lo han hecho propio. No se permite nada inmundo, y por esto, sin santidad nadie verá al Señor.

Deseo de todo corazón que quien lea estas líneas haya recibido a Jesús en su vida, para tener derecho al árbol de la vida.

ORACION:

Señor, que podamos verte en Tu Santa Gloria. Te lo pido Padre en el nombre de tu Hijo Jesucristo, amén.

LA INTEGRIDAD COMO UN ESTILO DE VIDA.

6 Mis ojos pondré en los fieles de la tierra, para que estén conmigo;

El que ande en el camino de la perfección, éste me servirá.

Salmos 101:6 [RV60]

La vida de José, el hijo de Israel, resalta la soberanía de Dios, y nos enseña a ver el "cómo " las pruebas, además de fortalecer el carácter, tienen un propósito directo que cumple los objetivos divinos en la vida de los creyentes. El hijo menor de Israel, hijo de su amada Raquel, era el preferido de su padre, y sin duda, el más repudiado en la vida de sus hermanos.

De acuerdo al relato bíblico, José informaba a su padre la mala fama de ellos (Gn. 37:2), lo cual nos habla de un jovencito integro a pesar de vivir entre sus hermanos de padre que vivían de mala manera. El primer punto es que José, por obra de Dios, era integro. Esto es lo que los judíos llaman perfecto, es decir que busca hacer lo correcto .

. Dios le revelaba su voluntad. Ese es el segundo punto. Cuando actuamos con honradez, "Dios revela al oído de los hombres su consejo", es decir, nos revela su voluntad para hacer lo correcto. José escuchaba en su corazón la voluntad perfecta de Dios.

A pesar de la envidia, José supo conducirse con honradez y sencillez.

Oración Señor ayúdame a vivir de forma integra. Te lo ruego Padre en el nombre de tu Hijo Jesucristo amén.

Pascua

LA ADVERSIDAD DESARROLLA EL CARÁCTER.

Que formo la luz y creo las tinieblas, que hago la paz y creo la adversidad.

Isaías 45:7

Debemos dejar que Dios nos moldee. Las pruebas no son para destruirnos como a veces lo pensamos, sino para forjar nuestro carácter. Cuando nos sucede algo que consideramos malo debemos tener paciencia. Debemos reflexionar profundamente sobre aquellas debilidades que nos son obstáculos para avanzar en el conocimiento del Altísimo. Tal vez seamos malhumorados, obsesivos o tenemos alguna fobia. Las fobias son el tenerle miedo o animadversión a algo, y así, la claustrofobia es el horror a los espacios cerrados, la aracnofobia a las arañas, todos esos miedos nos debilitan. Para crecer debemos enfrentar lo que nos afecta con valor y decisión, apartarnos del pecado en cuestión y dejar que el Espíritu Santo nos contriste y que esa tristeza que es según Dios nos lleve a un cambio de vida. Nuestro buen Maestro nos da la forma con su cincel de carpintero para convertirnos a su imagen. Las pruebas son el medio para esto.

Oración: Señor ayúdame en medio de la adversidad y dame fe para ver tus propósitos. Te lo ruego Padre en el nombre de tu Hijo Jesús, amén.

Valorar la vida.

12 Enséñanos de tal modo a contar nuestros días, que traigamos al corazón sabiduría.

Salmos 90:12 [RV60]

Valorar Henry Miller, "Cada momento es especial para quien tiene la visión de reconocerlo como tal."

El tiempo es la percepción que tenemos de lo que sucede. Es nuestra forma de medir lo que vivimos.

Cuando decimos que no tenemos tiempo, en realidad es que no lo sabemos manejar, mi darle prioridad a lo que de verdad importa.

Y es que la vida debe ser valorada y aprender a contar nuestros días, con sabiduría, dándole el peso a cada momento que nos toca vivir, sean momentos felices, tristes o planos. A veces, creemos que nuestra propia vida es aburrida o no tiene un especial significado, pero cada vida es única e irrepetible.

Hay que apreciarla en su justa medida. Ni es menos ni es más. Es la vida que nos fue impartida por Dios para aprovecharla sabiamente, ayudando a los demás, no despreciando a nadie, siendo útiles, usando cada instante de nuestra vida para servir a Dios. Mi tiempo es para Dios.

Oración: Señor, ayúdame a usar sabiamente la vida que me has otorgado. Te lo pido Padre en el nombre de tu Hijo Jesucristo, amén.

Jesús es mi refugio.

6 (7) Me acuesto y me acuerdo de ti;

Durante toda la noche

Estás en mi pensamiento.

Salmos 63:6 [TLA]

En las noches de insomnio cuando los problemas de la vida nos dan vueltas en la cabeza, debemos recordar que El esta con nosotros, contigo. A veces, en medio de los temores aciagos que nos toman por sorpresa y nos mantienen en vela, con todo tipo de dudas e inseguridades, que nos atormentan hasta dejarnos exhaustos y dónde no parece haber una luz al final del túnel, si no solo un camino por demás escabroso y lleno de peligros, no vemos ninguna salida y vemos la profundidad de la soledad, llena de presagios, es difícil. Pero refugiarnos en nuestro temor no es la respuesta.

Dios debe ser nuestro pensamiento cada día. En los momentos de obscuridad pidamos Su luz, porque en Su luz veremos la luz. Meditemos en Su bondad y amor.

Jesús es mi descanso.

Oración: Señor ayúdame a pensar en Ti y descansar en Tu Nombre. Te lo ruego Padre en el nombre de tu Hijo Jesucristo, amen.

El enfriamiento del amor.

12 y por haberse multiplicado la maldad, el amor de muchos se enfriará

Mateo 24:12 [RV60]

Una de las mayores tragedias de esta pandemia, es que mostró el verdadero rostro de muchas familias. Ha aumentado más de un 7 por ciento, la violencia en los hogares, ya no soportan a los hijos, los hijos están hartos de los padres y los hermanos se sienten disgustados con sus otros hermanos. Lo que debería ser una oportunidad para convivir, para conocerse más, es una tortura para muchos. Matrimonios de muchos años, se disolvieron en este año que ha transcurrido desde el inicio de la declaración de la OMS de la presencia del virus en todo el mundo. ¿Por qué todo este enfriamiento del amor?

¿Es que acaso la familia no es lo más importante? No sabemos convivir y somos como aristas cortantes o vidrios rotos que no pueden ser juntados porque se rompen entre sí. El egoísmo nos domina y solo queremos las cosas para nosotros mismos. Hemos echado a Dios de la familia y está se está congelando en la indiferencia y el desamor. Preferimos al ajeno que a nuestros propios parientes. Es hora de retomar el buen sentido. Dios es amor y el mejor pegamento para unir a la familia, es el amor. Hagamos algo nuevo: Juguemos juntos, platiquemos. Conozcamos las ideas e inquietudes de nuestro hijo, amemos de corazón. Mi familia es un regalo de Dios.

Oración Señor ayúdame a amar a mi familia. Te lo ruego Padre en el nombre de tu Hijo Jesucristo, amén.

Gigantes en nuestra vida.

Mayor es el que está con nosotros, que el que está en el mundo.

1 Juan 4:4 RVR60

En este momento en México, se habla de todo tipo de gigantes que pueden impedirnos disfrutar este año que comienza.

Se habla de una crisis económica con la incertidumbre de si habrá o no más despidos y si tendremos trabajo y si podremos salir adelante pese a estos malos augurios.

Además de la falta de empleo, la inseguridad es otro enorme monstruo que amenaza con destruirnos, y donde los hogares ya no se sienten seguros y debemos usar protectores para no ser víctimas de atracos, y andar por las calles con temor de ser asaltados o hasta abusados.

Algunos al salir de casa, ven el número de taxi y lo envían a sus amigos o familiares porque ya han sucedido violaciones y otros delitos abordo de un taxi...

Estos gigantes son grandes amenazas.

También lo son los problemas familiares... Estos enormes Goliats vienen disfrazados de peleas entre hermanos, padres, hijos que se envuelven en luchas inútiles que solamente los dejan llenos de incertidumbre. Las parejas se quieren divorciar o es más, en muchos casos, como están en unión libre, solamente se van y dejan a la otra persona en la tristeza y al cuidado de los chamacos.

Gigantes como la depresión que cobran muchas vidas al año porque además de gastos médicos, los deprimidos son los principales suicidas en las estadísticas y si sumamos a esto el consumo de alcohol en forma desmedida, aquello se vuelve una batalla sin cuartel.

Otros más están peleando con su propio carácter ya sea muy explosivo donde se pelean hasta con su sombra hasta aquellos que no pueden vencer la timidez y desean ser aceptados.

Estos gigantes tienen tomadas las vidas de muchos y en lugar de sentirse bendecidos, se sienten en una pesadilla de que quisieran despertar.

Pero, te has preguntado… ¿Dios te va a dejar a merced de esos gigantes?

Como en el pasado, Dios nunca ha abandonado a Sus hijos y jamás lo hará.

Dios no nos trajo hasta aquí para volver atrás. Nos regala este nuevo año para que lo vivamos al máximo y lo disfrutemos con un corazón agradecido y seguros de que, si antes nos ayudó, ahora hará lo mismo.

Como dice el Salmo 77, *traeré a la memoria los años de la diestra del Altísimo*, es decir, voy a recordar todas las veces en las que el Señor me ayudó en el pasado y tendré la seguridad de que lo mismo pasará ahora. Las pruebas tienen una función y son para moldear nuestro carácter y darnos una forma como Él quiere.

Los diez espías del relato bíblico, fallaron al dar su informe porque no tomaron en cuenta las excelencias de Dios, mientras que los otros dos, Josué y Caleb, enfrentaron con verdadera fe el reto que se les presentaba y de igual forma, Dios nos llama a confiar en Su poderosa mano y creer que Él nos permitirá vencer los tremendos gigantes que se presentan para atemorizarnos, pero como dice aquel refrán, el diablo es un león sin dientes. Su rugido te puede atemorizar, su aspecto es imponente, pero si le abres la boca verás que no tiene dientes. No dejemos que el temor nos domine y nuestra fe decaiga. Tengamos la seguridad de que Dios nos dará la victoria porque ya la compró al precio de Su sangre en el calvario. El venció a los principados y potestades diabólicas como lo dice en Colosense 2:13-15, y por lo tanto, Él tiene el control de todo.

Dios nos dice a través de Su profeta, aunque la higuera no florezca, ni en las vides haya fruto, ni haya vacas en la majada, con todo, yo me alegraré en Jehová, el cual hace andar mis pies como de ciervas y en sus alturas me hace andar.

Cristo es suficiente para darnos vida y vida en abundancia.

Recordemos Mas Jehová está conmigo, como poderoso gigante.

Oración Señor ayúdame a recordar que tú eres mi protector. Te lo pido Padre en el nombre de tu Hijo Jesucristo amén.

El propósito de la vida.

28 Sabemos que Dios va preparando todo para el bien de los que lo aman, es decir, de los que él ha llamado de acuerdo con su plan.

Romanos 8:28 [TLA]

¿Te has preguntado alguna vez, porque te han sucedido las cosas en tu vida? Cosas buenas, malas, tremendas, excelentes... De muchos tipos. A lo largo de mi peregrinaje espiritual, he aprendido que nada sucede sin una razón. Dios me ha permitido caminar en pasajes oscuros, para que pueda valorar Su luz admirable.

Cada parte de tu vida, ha tenido un por qué, aunque en el momento resulte difícil de entender. Dios ha permitido cada huella, cada detalle, para darte una lección y enseñarte lo que tú debes de saber. El dolor es más didáctico que la felicidad, te enseña más, te muestra tus limitaciones, te enseña tus fortalezas, te capacita.

Durante una época de mi vida, estuve casi sin poder caminar, y llegué a auxiliarme de un bastón. Ansiaba yo caminar sin ayuda. Debí esforzarme para las terapias y los momentos de dificultades, pero Dios me enseñó que aún esto, es para mí bien. Así que confiemos: Todo lo que sucede, si conoces a Dios, es para tu bien.

Oración Señor ayúdame a ver Tu propósito en cada situación. Te lo ruego Padre en el nombre de tu Hijo Jesucristo, amén.

Jesús es el resplandor de la gloria de Dios.

3 El es el resplandor de la Gloria de Dios y en él expresó Dios lo que es en sí mismo.

El, cuya palabra poderosa mantiene el universo, también es el que purificó al mundo de sus pecados, y luego se sentó en los cielos, a la derecha del Dios de majestad.

Hebreos 1:3 [BLA]

Me asombro ante la majestad de Cristo Jesús, pues Él es el resplandor mismo de la gloria de Dios, la imagen de su sustancia divina, y como la misma Biblia lo señala, es la imagen visible del Dios invisible y quién sustenta todas las cosas con la Palabra de Su poder. Por ello, Jesús es el Verbo encarnado, la visión física del poder soberano.

¿Tanto hace que estoy con vosotros y no me habéis conocido?, Preguntó a Sus discípulos, el que me ha visto a mí, ha visto al Padre.

Por ello, Juan en su primera carta señala que la vida eterna estaba con el Padre y se nos manifestó, pues Jesús es la vida eterna de Dios, hecha hombre.

Y vimos Su gloria, como del Hijo único del Padre eterno, pleno de gracia y de verdad.

La Luz de Dios vino a este mundo a romper las tinieblas del pecado con su Luz esplendente, divino fulgor.

Esta luz divina te ofrece Su mano y quiere darte vida en Su Bondad infinita. Jesús es esta Luz de Dios. Dale hoy tu vida.

Cristo es el resplandor de Dios.

Oración Señor, vengo a Ti. Ayúdame. Te lo ruego Padre en el nombre de tu Hijo Jesucristo, amén.

Pidamos a Dios ayuda para vencer el temor de nuestras vidas.

No llaméis conspiración a todas las cosas que este pueblo llama conspiración; ni temáis a los que ellos temen, ni tengas miedo" (Isaías 8:12).

La expresión de confianza reflejada en el salmo 91 por el salmista Moisés, nos revela claramente la forma de vencer el miedo.

A través de la confianza en Dios, el temor se desvanece, y la Presencia del Omnipresente rompe todos los miedos, aún aquellas supersticiones que los demás creen. No debemos tener miedo de los espantos o de las "almas en pena", como tradicionalmente se le llama.

Dice la escritura "No llaméis conspiración a todas las cosas que este pueblo llama conspiración; ni temáis a los que ellos temen, ni tengas miedo" (Isaías 8:12).

Debemos solamente confiar en Dios, y si hemos de temer, que sea a Él. "Sea el vuestra temor y él sea vuestro miedo". (Isaías 8:13).

Temor traducido como un verdadero respeto a Dios, porque, de la calidad de vida en santidad que vivamos, será nuestro proceder.

Cristo Jesús es mi fuerza.

Oración Señor ayúdame a conocerte más, te lo pido Padre en el nombre de tu Hijo Jesucristo amén

Navidad.

Felicidades Cristo Jesús ha nacido.

11 hoy, en la ciudad de David, ha nacido para ustedes un Salvador, que es el Mesías y el Señor.

Lucas 2:11 [BLA]

El gran poder de Dios hecho hombre es Jesús, la esperanza de Gloria.

Su Santo Nombre brilla a través de las edades, porque el Todopoderoso tomó habitación entre nosotros, " y vimos Su gloria, gloria como del Hijo único del Padre, lleno de gracia y de verdad". En aquella santa noche, la Luz descendió hasta Belén, una insignificante aldea de Israel, y tomó forma humana. Rompió las tinieblas con Su Luz esplendente divino fulgor e iluminó al mundo. Jesús es la luz del mundo. Nació la esperanza en un sencillo pesebre, y en la mirada de ese pequeño bebé, estaba la sonrisa para el mañana.

Alabemos al Santo Mesías, el Verbo hecho hombre que se dignó a morar entre nosotros y prodigarnos Su bondad y Santo amor. Ese santo amor de Cristo Jesús, se reveló ante la humanidad envuelta en la desesperanza. Los pastores tuvieron el privilegio de presenciar Su llegada a este mundo. Deja que Cristo Jesús nazca hoy en tu corazón, y será iluminado para siempre.

Feliz navidad, Cristo Jesús ha nacido!

Oración Señor, hay lugar en mi corazón para Ti Dios, gracias Padre en el nombre de tu Hijo Jesucristo. Amén.

Su gracia es suficiente.

9 Y me ha dicho: Bástate mi gracia; porque mi poder se perfecciona en la debilidad. Por tanto, de buena gana me gloriaré más bien en mis debilidades, para que repose sobre mí el poder de Cristo.

2 Corintios 12:9 [RV60]

Pasé por un momento difícil y pude experimentar lo que dice el apóstol Pablo en este versículo. En lugar de ser yo quien proporcionara palabras de consuelo y ánimo, era yo el que las necesitaba. Dios usó a alguien que oró por mí, y le dio las palabras exactas que me hacían falta, como si Dios me hablara a través de esa oración. Sentí esa fortaleza que derribó mi malestar y me sentí reconfortado. La gracia de Dios es suficiente para fortalecernos cuando nos sentimos confundidos, disgustados, con descontento.

Dios nos ayuda cuando en nuestra fuerza no podemos sostenernos. Tomémonos de la mano de Dios. Clamemos Su ayuda y Él vendrá en nuestro socorro.

Jesús es mi fuerza en tiempo de debilidad.

Oración: Señor ayúdame en mis momentos complicados, de debilidad. Bendito seas Padre en el nombre de tu Hijo Jesucristo, amén.

Cuando caminas en el desierto.

El refugio del justo

En Jehová he confiado;

¿Cómo decís a mi alma,

Que escape al monte cual ave?

Salmos 11:1 [RV60]

A menudo, atravesamos desiertos espirituales, donde no hay sombra visible para descansar y se levantan vientos de tormenta en forma de problemas y limitaciones. En los desiertos como el Sahara, existen peñas grandes que tienen huecos en los cuales los viajeros que son sorprendidos por una tormenta de arena, se esconden hasta que pasen estos fuertes vientos. Así Jesús es nuestro refugio en la tormenta. Cuando atravieses ese desierto de problemas, pruebas y dudas, y te sientas en la obscuridad, como si estuvieras en una tormenta de arena, refugiate en Cristo Jesús. Él es tu escondedero fiel, es la roca de la eternidad que te dará la paz que necesitas. Jamás te abandonará, corre a Sus brazos de amor. Su paz que sobrepasa todo entendimiento, llenará tu mente. Solamente confía en Él. Jesús es tu paz.

Él te ama.

Oración Señor ayúdame en medio de mi tormenta. Ven a mi corazón oh Cristo Jesús, y dame Tu paz y tú santo amor. Amén.

Jesús es mi paz.

Enfrentando las fuerzas del mal.

13 Sobre el león y el áspid pisarás;

Hollarás al cachorro del león y al dragón.(C)

Salmos 91:13 [RV60]

La promesa divina al enfrentar las fuerzas del mal, tenemos la victoria a través de la obra redentora de Cristo Jesús. Él es nuestro modelo a seguir al ser tentado por el diablo. Para enfrentar el ataque diabólico, ya que Jesús ante los cuestionamientos de satán, le respondió citando las Escrituras. Y además, Jesús siempre oraba estando en contacto con Su Padre.

El cachorro de león y el dragón, simbolizan todas las fuerzas del mal, la tentación que se aprovecha de nuestras debilidades, y los dragones son esas cosas que nos cuesta trabajo enfrentar. Fobias, traumas del pasado, abusos emocionales y de cualquier tipo.

Cristo Jesús es mi victoria contra el mal.

Dios nos promete la victoria si acudimos a Él, si enfrentamos el Mal en el Nombre de Jesús. Cristo Jesús ha vencido al diablo, el príncipe de este mundo que es Satán ha sido aplastado. Confiemos en Él.

Oración Señor ayúdame a enfrentar el mal, confiando en Ti. Te pido Padre, en el nombre de tu Hijo Jesucristo Cristo , amén.

Verdad irrefutable.

21 para que todos sean uno; como tú, oh Padre, en mí, y yo en ti, que también ellos sean uno en nosotros; para que el mundo crea que tú me enviaste.

Juan 17:21 [RV60]

Para quién niegue que Jesús es igualmente divino que el Padre, diciendo que Cristo es un arcángel, el más preciado de todos pero no Hijo divino del Padre, debe tener en consideración lo siguiente: Si Dios el Padre le dio a un arcángel un Nombre superior a todos y lo nombró Rey de todo lo que existe, está cediendo su trono y eso significa abdicar. Dejar el gobierno del reino. Cuando esto sucede, el rey deja todos sus derechos al nuevo rey. Si esto pasa a nivel humano, a nivel celestial, significaría que Dios el Padre deja Su gobierno en manos de un arcángel, éste sería entonces el nuevo Dios. Ya no sería Jehová si no ese arcángel el que gobernaría. Esto no es lógico. Recordemos que esa era la pretensión de Lucero, ser semejante al Altísimo, y esto ofreció la serpiente antigua, que es el diablo, a Eva, "seréis como Dios". Así que por lógica y verdad irrefutable, Cristo Jesús es uno con el Padre. Están al mismo nivel. Dice en Hebreos que Jesús es de la misma sustancia que el Padre. No es inferior. ¿Sería lógico que el Padre dejará Su majestuosidad y Su gobierno a un ser inferior, a un ser creado? No. No es lógico. Un presidente jamás va a dejar su lugar a otro solo porque le cae muy bien. Dios se revela a nosotros como Padre, Hijo y Espíritu Santo. Son uno en esencia. En la oración sacerdotal, en el Evangelio de Juan 17:21 dice " para que todos sean uno; como tú, oh Padre, en mí, y yo en ti, que también ellos sean uno en nosotros; para que el mundo crea que tú me enviaste". Uno en nosotros, es la clave. Ser uno con el Padre, es ser igual al Padre. Cuando iban a apedrear a Jesús fue porque El dijo ser igual al Padre. Estas son verdades y nos enseñan que Cristo Jesús es Dios.

Cristo Jesús es mi Señor.

Oración Señor ayúdame a conocerte. Te lo pido Padre en el nombre de tu Hijo Jesucristo, amén.

Llegar a los últimos de la tierra.

8 pero recibiréis poder, cuando haya venido sobre vosotros el Espíritu Santo, y me seréis testigos en Jerusalén, en toda Judea, en Samaria, y hasta lo último de la tierra.(D)

Hechos 1:8 [RV60]

¿Quién va a llevar el evangelio a los marginados de la sociedad, aquellos a los que nadie se acerca, y hasta los más devotos ni siquiera se aproximan?

En la parábola del buen samaritano, el sacerdote y el levita, que debían practicar su fe, al ver al hombre caído, que había sido asaltado y golpeado por malhechores, lo evitaron. ¿Cuántos se hacen a un lado al ver al pobre mendigando, al raro que no le cae bien a nadie, a la mujer que anda en malos pasos, al que tiene fama de malo o de tramposo, al que consideramos parias de la sociedad, esos que nadie quiere? Es más fácil criticarlos , burlarse de ellos, incluso dañarlos verbal o físicamente. El llamado de Jesús es a tener tu mano y extender tu corazón con el mensaje de amor y perdón de Dios, y no solo con palabras, si no con acciones que demuestren nuestra fe practica. Somos llamados a ir hasta lo último de la tierra, al abandonado y el marginado de la sociedad, e incluso, a ese familiar al que nadie soporta. ¿Escuchas el llamado del Maestro? No tardes en obedecer Su voz.

Ir hasta lo último de la tierra, está muy cerca de mi alcance, solo basta mirar a mi alrededor.

Oración: Señor guíame al que necesita de Ti, aunque yo mismo no quiera acercarme. En Cristo Jesús amén.

Mercaderes de la fe.

16 y dijo a los que vendían palomas: Quitad de aquí esto, y no hagáis de la casa de mi Padre casa de mercado.

Juan 2:16 [RV60]

¡Que terrible es el comercio de almas!

Mientras la incertidumbre y el temor nos atrapan cada día, y los noticieros están plagados de actos de sangre y violencia, y el común de las personas busca un refugio descansar del ajetreo de la vida y sus demandas, hay quién se aprovecha y solo busca obtener beneficios para sí mismo. Y salen a relucir los mercaderes de la fe, y esto no solo en la religión, si no que explotan toda la necesidad espiritual y emociona de aquellos que necesitan un respiro. Sea que quieran leerte la mano o el horóscopo, o que te ofrezcan resolver tu problema con un hechizo, pocima o perfume, o sacarte la maldición que dicen te persigue, o predicarte una vida sin dificultades, recuerda que Jesús dijo " en el mundo tendréis aflicciones, pero confiad yo he vencido al mundo". Jesús no mercadea tu fe, ni te ofrece una vida sin problemas. Te ofrece Su apoyo incondicional, Su mano tranquilizadora, Su paz que sobrepasa todo entendimiento. No caigas en las redes de quienes hacen de tu fe, un negocio. Jesús rompe la obscuridad más densa con la luz de Su amor.

Oración Señor enséñame tu luz para poder ver la luz y no ser atrapado por las tinieblas. En Cristo Jesús amén.

Printed by Books on Demand GmbH, Norderstedt / Germany